Fiestas

Día de Los Veteranos

por Rebecca Pettiford

Bullfrog
Books

Ideas para padres y maestros

Bullfrog Books permite a los niños practicar la lectura de texto informacional desde el nivel principiante. Repeticiones, palabras conocidas y descripciones en las imágenes ayudan a los lectores principiantes.

Antes de leer

- Hablen acerca de las fotografías. ¿Qué representan para ellos?
- Consulten juntos el glosario de fotografías. Lean las palabras y hablen de ellas.

Lean en libro

- "Caminen" a través del libro y observen las fotografías. Deje que el niño haga preguntas. Señale las descripciones en las imágenes.
- Lea el libro al niño, o deje que él o ella lo lea independientemente.

Después de leer

- Inspire a que el niño piense más. Pregunte: ¿Hay un veterano en tu familia? ¿Cómo puedes agradecer a los veteranos por su servicio?

Bullfrog Books are published by Jump!
5357 Penn Avenue South
Minneapolis, MN 55419
www.jumplibrary.com

Library of Congress Cataloging-in-Publication Data

Pettiford, Rebecca.
 [Veterans day. Spanish]
 Día de los veteranos / por Rebecca Pettiford.
    pages cm. — (Fiestas)
 Includes index.
 Audience: K to Grade 3.
 ISBN 978-1-62031-245-2 (hardcover: alk. paper) —
 ISBN 978-1-62496-332-2 (ebook)
 1. Veterans Day—Juvenile literature. I. Title.
 D671.P4818 2015
 394.264—dc23
                                          2015005200

Editor: Jenny Fretland VanVoorst
Series Designer: Ellen Huber
Book Designer: Michelle Sonnek
Photo Researcher: Michelle Sonnek
Translator: RAM Translations

Photo Credits: All photos by Shutterstock except:
a katz/Shutterstock, 10; Alamy, 16–17; Anthony Correia/Shutterstock, 11; iStock, 5, 8–9, 15, 18, 22tr, 23mr; SuperStock, 3, 18–19; Thinkstock, 6–7, 23ml, 23tl.

Printed in the United States of America at Corporate Graphics in North Mankato, Minnesota.

Tabla de contenido

¿Qué es el Día de Los Veteranos?

El Día de Los Veteranos es el 11 de noviembre.

¿Qué hacemos en ese día?

Agradecemos a las personas en las fuerzas armadas.

¿Por qué?

Los soldados nos protegen.

Nos mantienen seguros.

Amamos a nuestro país.
¿Cómo demostramos
nuestro amor?

Colgamos la bandera.

¡Mira! ¡Es un desfile!

Los veteranos muestran las banderas.

Visten sus uniformes.

¿Qué hay en la chaqueta de ese señor?

Sus medallas.

¿Cómo se las ganó?

Fue valiente.

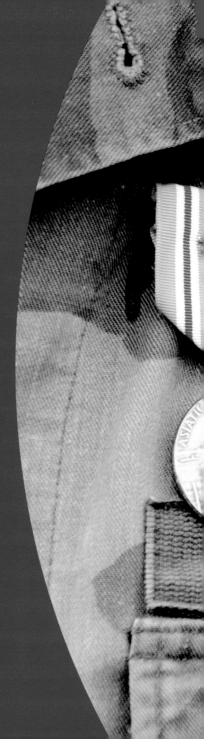

Isa visita a un señor en una casa de ancianos.

Luchó en una guerra.

Le dice, "Gracias."

15

Mateo está en
un cementerio.

Es para soldados.

Planta una bandera.

Mamá es una soldada.

Estaba lejos.

¡Hurra!

¡Mamá regresó!

¡Gracias por tu servicio!

Los símbolos del Día de Los Veteranos

bandera

soldado

medallas

cementerio para veteranos

Glosario con fotografías

casa de ancianos
Un lugar donde se cuida a los ancianos o personas débiles.

fuerzas armadas
Personas que sirven en cualquier rama militar de un país.

colgar
Mostrar un objeto para que todos lo puedan ver.

uniforme
Ropa especial que usan personas que pertenecen a un grupo.

desfile
Una marcha en las calles donde se celebra un día especial o evento.

veteranos
Personas que están o estaban en las fuerzas armadas.

23

Índice

Para aprender más

Aprender más es tan fácil como 1, 2, 3.

1) Visite www.factsurfer.com

2) Escriba "losveteranos" en la caja de búsqueda.

3) Haga clic en el botón "Surf" para obtener una lista de sitios web.

Con factsurfer.com, más información está a solo un clic de distancia.